IRIS BERBEN

JERUS

FOTOGRAFIEN
TOM KRAUSZ

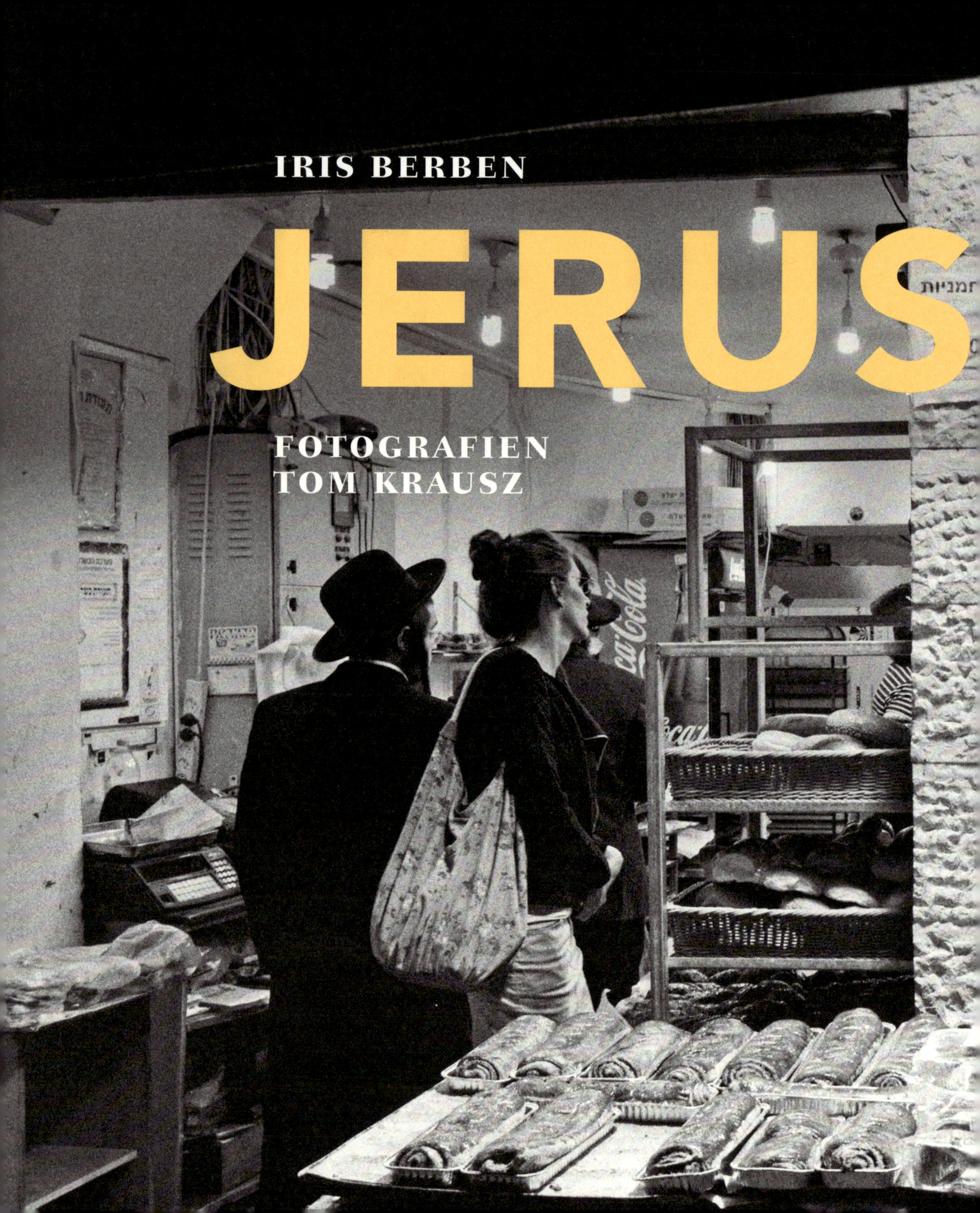

ALEM

MENSCHEN UND GESCHICHTEN
EINER WUNDERSAMEN STADT

Ein Oud-Spieler

Gewidmet Teddy Kollek, Shimon Peres
und der Hebräischen Universität Jerusalem.
IRIS BERBEN

SCHALOM, JERUSALEM.

Seit 1968 fahre ich nach Israel, immer auch nach Jerusalem. Ich weiß nicht, wie oft ich schon hier war, immer wieder habe ich länger hier gelebt – tief verbunden bin ich dem Land und der Stadt, den Menschen, ihrer Kultur.

Fast fünfzig Jahre sind es nun bald … fünfzig Jahre, in denen viel geschehen ist in und mit der Welt, mit mir. Fünfzig Jahre – viel für einen Menschen, doch ein Blinzeln nur in der Geschichte dieser Stadt.

1 Am 2. Juni 1967 wurde in Berlin der Student Benno Ohnesorg erschossen, begannen die Springer-Unruhen, radikalisierte sich die Studentenbewegung in den westdeutschen Städten. Ich allerdings war Internatsschülerin und lebte wie in einem Kokon, Fragen zur deutschen Geschichte und Politik wurden eher nicht beantwortet, Nachfragen und Nachhaken waren damals nicht gern gesehen – es war ja »Wirtschaftswunder«-Zeit: »Der deutsche Bauch erholt sich auch / und ist schon sehr viel runder / Jetzt schmeckt das Eisbein wieder in Aspik / Ist ja kein Wunder nach dem verlorenen Krieg«, gifteten Wolfgang Neuss und Wolfgang Müller 1958, empört über den Unwillen von Politik und Bevölkerung, die Spuren der Geschichte zu verfolgen. Die meisten Deutschen hatten den 8. Mai 1945 als Tag der Niederlage empfunden – es sollte vierzig Jahre dauern, bis Richard von Weizsäcker das Datum zum Tag der Befreiung deklarierte.

So blieben die Antworten auf jene Fragen aus, die wissen wollten, was zwischen 1933 und 1945 in Deutschland gesche-

hen war, Fragen nach den Verbrechen, die das Land der
Dichter und Denker in dem von ihm begonnenen Zweiten
Weltkrieg begangen hatte – und nach dem, was sich als
das grausamste Kapitel der deutschen Geschichte heraus-
bilden sollte: dem Holocaust, dieser industriellen Vernichtung
von mehr als sechs Millionen Juden aus ganz Europa.

Am 5. Juni 1967, ich war 17, begann der Sechstagekrieg zwischen Israel, Syrien, Jordanien und Ägypten, den die Araber
den Junikrieg nennen. Dieser Krieg machte unsere Fragen
noch dringlicher und löste bei vielen meiner Generation
eine Welle der Sympathie aus für dieses kleine Israel, das der
arabischen Übermacht nicht nur standgehalten, sondern die
gesamte Sinaihalbinsel erobert hatte, die Golanhöhen, das
Westjordanland und – Ostjerusalem, das seit 1948 für Juden
gesperrt gewesen war. Der israelische David hatte einen arabischen Goliath besiegt.

Szenen am Damaskustor

2   Endlich, im Frühjahr 1968, fuhr ich das erste Mal nach Israel, besuchte tatsächlich *Eretz Israel*, den Staat der Juden. Es wurde mein unmittelbarer Zugang zur Geschichte und mein erster Zugang zu diesem Land, von dem wir fast nichts wussten und das doch so wichtig ist.

Aus den geplanten drei Wochen wurden drei Monate, eine Zeit, die zu den intensivsten meines Lebens zählt. Nicht nur, weil ich mich von Internat und Schule überhaupt frei machte, sondern vor allem, weil sich in meinem Herzen, meiner Seele etwas öffnete.

1968 waren erst 23 Jahre seit Kriegsende vergangen, 23 Jahre, nachdem die furchtbaren Bilder von Auschwitz, Buchenwald, Treblinka, Sobíbor und anderen Konzentrations- und Vernichtungslagern um die Welt gegangen waren, um von der großen Mehrheit der Wiederaufbau-Deutschen verdrängt und vergessen zu werden.

Im Israel jener Zeit war die Erinnerung an die deutschen Gräuel sehr lebendig, denn etwa zwanzig Prozent der israelischen Bevölkerung waren Holocaust-Überlebende. Die Abgründe unserer Geschichte begegneten mir, dem jungen deutschen Mädchen, nun persönlich – in den Menschen, die überlebt hatten. Menschen mit tätowierten KZ-Nummern auf ihren Unterarmen, mit Alpträumen, Wut und Tränen, mit Zorn und Verzweiflung. Ich war fassungslos über die Taten der deutschen Dämonen, trug ein schweres Paket voller Geschichte, das mich tief beschämte. Ich erlebte zum ersten Mal, was Scham in ihrem dunklen Sinne ist: Unsere Elterngeneration hatte in einem unvorstellbaren Maß unehrenhaft, unanständig, verbrecherisch gehandelt. Ich verstand, dass viele der Überlebenden nicht mit jemandem sprechen wollten, der aus dem Land der Täter kam: Meine Mutter hätte eine KZ-Aufseherin gewesen sein können, mein Vater ein SS-Büttel … Es kam vor, dass jemand aufstand und den Raum verließ, wenn er Deutsch sprechende Menschen hörte.

Irgendwann kam ich in ein langes, intimes Gespräch mit einer Jüdin, um die siebzig mag sie damals gewesen sein … Sie ließ sich Zeit für das Mädchen, sie erzählte und erzählte von dem, was ihr widerfahren war. Geduldig beantwortete sie jede meiner ungläubigen Fragen – und sie, die gequälte und gebrandmarkte Jüdin, die durch uns Deutsche so viel durchlitten hatte, nahm mich in die Arme und trocknete meine Tränen der Scham.

Diese Stunden habe ich nie vergessen, ich möchte sagen, ich hatte Glück. Diese Stunden haben mich bereichert und geprägt: Ich hatte eine Verantwortung angenommen. Die Verantwortung, nicht wegzuschauen, wenn Antisemitismus, Rassismus und Intoleranz ihr Unwesen treiben. Wir müssen uns einmischen, wir müssen uns stellen – auch wenn wir als Nachgekommene keine persönliche Schuld mehr tragen, liegt die Verantwortung für eine menschliche Gegenwart und Zukunft sehr wohl in unseren Händen.

Zwei meiner Lieblingsgedichte über Jerusalem möchte ich hier vorstellen: *Die Stimmen der Mauern* von Annemarie Königsberger und *Jerusalem* von Rose Ausländer, das auf Seite 107 folgt.

Stehe still
nur einen Augenblick und lausche
den Stimmen
der Mauern
der ewigen Sehnsucht nach einem Stück
Himmelreich
Die Zeiten reichen sich
die Hände
in diesen Mauern
von Traum
zu Traum
über Sonnensteine
in das endlose All

Nun suche ich
verzweifelt
meine weggeworfenen
Gedanken
von einst
die ich bündeln will
und mir ein Haus aus den Fragmenten bauen
das mich schützen soll
vor dem Schrittrhythmus
meiner Zeit

ANNEMARIE KÖNIGSBERGER,
Die Stimmen der Mauern

Beduinen am Damaskustor;
Angebote in der Altstadt

Brotverkäufer mit der
traditionellen Altstadtkarre

3 1968. In Westeuropa wurde weiter gegen den Vietnamkrieg demonstriert, im Mai kam es zu einem Generalstreik in Frankreich, die Revolution schien an der Seine und anderswo bevorzustehen – viele Menschen in vielen Ländern suchten eine bessere, andere Zukunft.

Wir fanden damals eine Antwort in Israel, im Kibbuz. Diese »Sammlung, Versammlung, Kommune«, diese »ländliche Siedlung« mit ihrem gemeinsamen Eigentum und ihren basisdemokratischen Entscheidungswegen – welch lebendiger, begeisternder Gegenentwurf war sie uns zur westdeutschen Wirtschaftswundersattheit, zum verkrusteten Konservatismus der Adenauer-Ära.

Singend zogen wir, junge Menschen aus fast aller Welt, in die Wüste und »nahmen das Land unter den Pflug, um den Juden eine Heimat zu geben«, wie Theodor Herzl geträumt hatte. Wir erlebten im Kibbuz eine Gesellschaft, in der Gleichheit herrschte und Gemeinschaft, die erlebbar war, die klassenlos schien. Ein jeder gab seine Leidenschaft, seine Kompetenz, seine Arbeit in den Kibbuz zum Aufbau des Landes, die Frauen waren gleichgestellt, Kinder wurden im kollektiv organisierten Kinderhaus erzogen, alles frei nach Marx: »Jeder gibt nach seinen Möglichkeiten und erhält nach seinen Bedürfnissen.« Martin Buber nannte die Kibbuzim ein »verwegenes Unternehmen des jüdischen Volkes« – ja, für uns junge Westeuropäer und Amerikaner war die Verwegenheit der Kibbuzbewohner, der *Chawerim*, waren ihre Hoffnung und ihre Zukunftsenergie magisch. Wir träumten mit ihnen von einer besseren Welt, und wir waren überzeugt davon, dass wir es schaffen würden, diese Welt aufzubauen – wir trafen so viele unterschiedliche Menschen aus so vielen Ländern, erlebten so viel Idealismus, spürten so viel gute Energie ...

Kaum mehr vorstellen kann man sich heute, welche Kräfte freigesetzt werden, wenn Menschen fest daran glauben, auf dem Weg in eine gute Zukunft zu sein, selbst wenn der Weg anstrengend und voller Rückschläge ist. Mag es auch unklar sein, wann das Ziel erreicht werden wird: Wenn eine Idee das Bessere für viele verspricht, versetzt der Glaube nicht nur Berge, sondern macht aus Wüsten des Negev und Brachen Galiläas fruchtbares Kibbuzland.

In den Kibbuzim hat sich übrigens vieles verändert in den letzten fast fünfzig Jahren: In den meisten wurde aus der klassenlosen eine Gesellschaft mit Privateigentum und unterschiedlichen Gehältern, aus dem Kinderhaus wurde der private Kindergarten – doch sie sind Bastionen der heutigen israelischen Friedensbewegung.

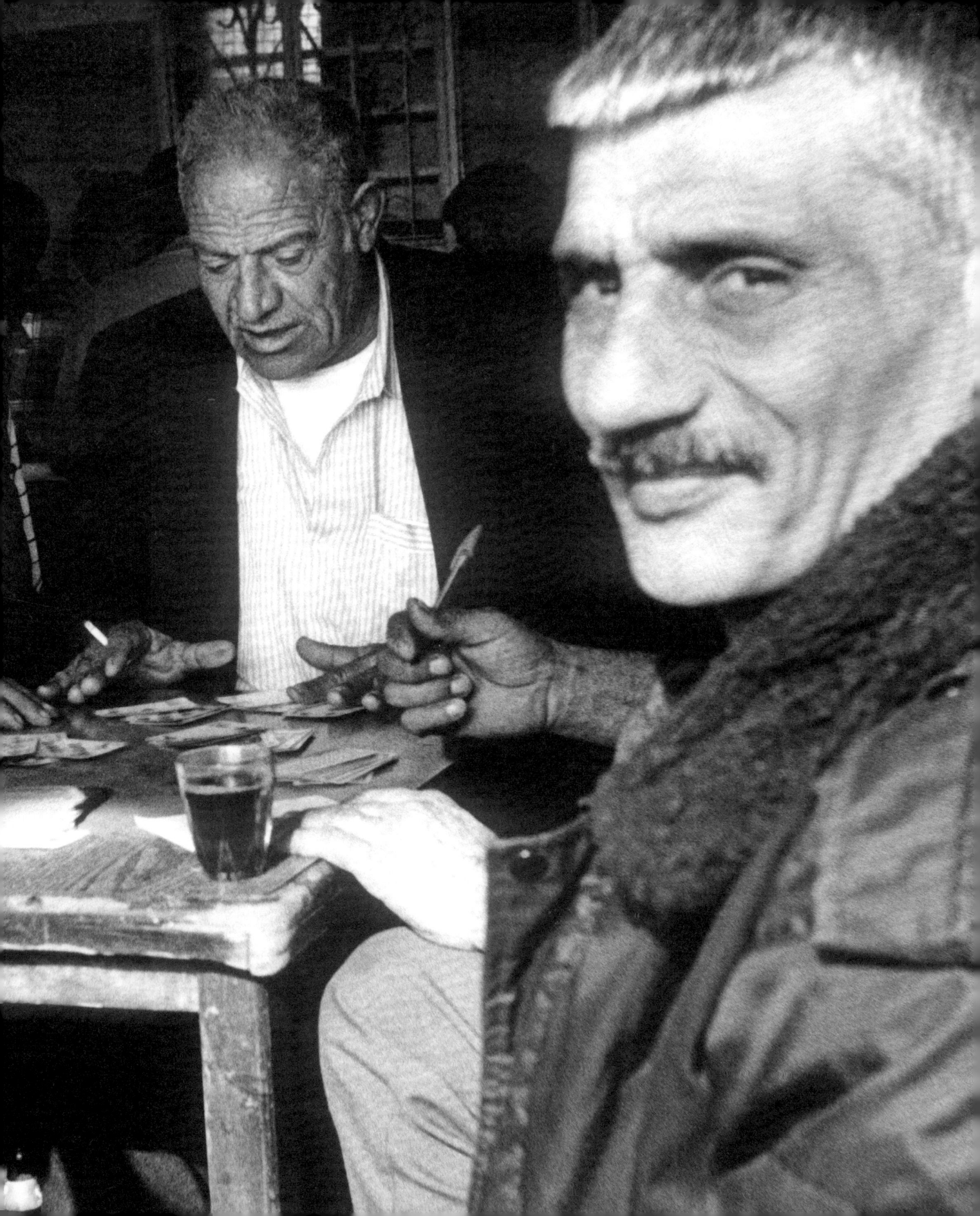

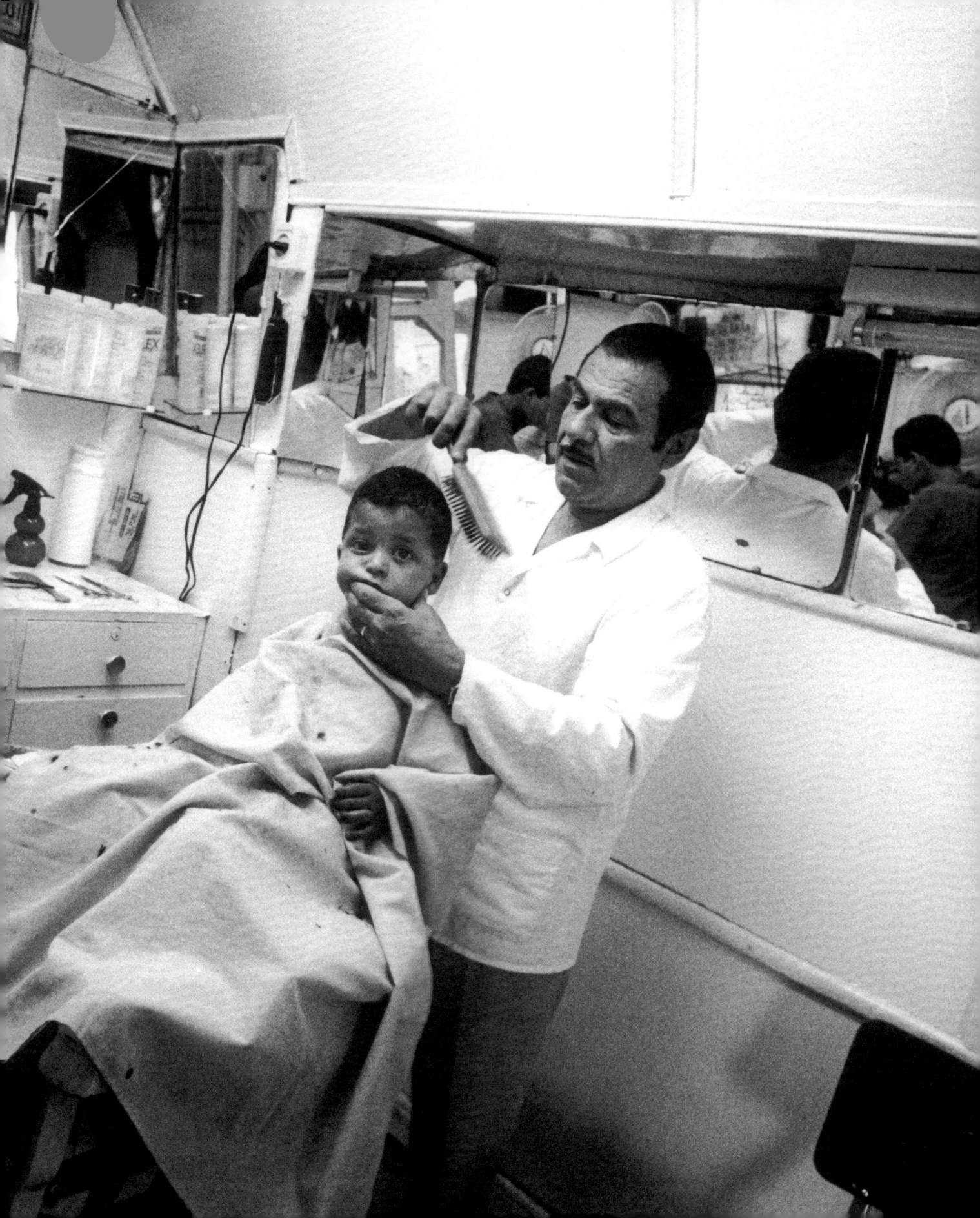

In einem Hof des jüdischen Viertels

4 »Mit seinem Zauber und seiner Farbenpracht ist das Land selbst ein Traum«, schwärmte David Ben-Gurion bei der euphorischen Gründung Israels am 14. Mai 1948.

Israel war 1968 also zwanzig Jahre alt, ein noch junger Staat, dessen Unabhängigkeit so viele Fragen begleitet hatten: Wie sollten die Überlebenden des nazideutschen Furors integriert werden? Wie die aus den arabischen Ländern einwandernden Juden? Welche Rolle sollte die Religion spielen? Und wie wollte man die Nachbarschaft zu den arabischen Staaten gestalten?

Was hatte Israel in den zwanzig Jahren seit seiner Gründung nicht alles erlebt. Auch wenn es in der Unabhängigkeitserklärung hieß: »Wir reichen allen unseren Nachbarstaaten und ihren Völkern die Hand zum Frieden«, waren am Tag nach der Deklaration erste arabische Bomben gefallen, hatte der zweijährige Unabhängigkeitskrieg begonnen. Man hatte die große Einwanderungswelle von 1949 bis 1951 bewältigt, die Suezkrise überstanden. Der Sechstagekrieg war 1968 erst wenige Monate vorbei, das Land noch im Siegestaumel, schien doch seine Armee seitdem unbesiegbar.

Während dieser Reise war ich natürlich auch in Jerusalem, in *Jeruschalajim*, wie es im heutigen Hebräisch heißt (»Die Stadt des Friedens«), in *El Quds* (»Die Heilige«), wie sie das Arabische nennt.

Ich war ein streng katholisch erzogenes Kind gewesen, dann aus der Kirche ausgetreten und erlebte in dieser Stadt nun, das erste Mal in meinem Leben, die Kraft tiefer Religiosität. Ich konnte sie begehen, anfassen, erleben, diese Orte der Religionsgeschichte, man konnte den Leidensweg Jesu beschreiten, ihm auf Golgatha oder im Garten Gethsemane, in dem die Kirche der Nationen steht und wo Jesus seine letzte Nacht verlebt haben soll, besonders nah sein. Oder auf dem Berg Zion, wo Jesus den Jüngern die Füße wusch und das letzte Abendmahl hielt. Ich habe meine eigene Religion damals neu entdeckt, habe erfahren, was die »innere Kraft des Glaubens« sein kann. Seitdem begleitet sie mich.

Tagelang habe ich mich in der Altstadt herumgetrieben, in ihren engen Gassen, in denen ich manchmal heute noch das Gefühl habe, die Zeit sei stehengeblieben und kenne kein Morgen.

Ich durchstreifte das jüdische Viertel, in dem sich schon damals einige Bettler als fromme Juden gaben, sah die Klagemauer, an der die Männer links und die Frauen rechts beten, getrennt durch einen Sichtschutz; durchwanderte das christliche Viertel mit der Grabeskirche, der heiligsten Stätte der Christen im Heiligen Land, sah die von Kaiser Wilhelm II. eröffnete Erlöserkirche; erlebte im muslimischen Viertel erstmals das Leuchten der weithin glänzenden goldenen Kuppel des Felsendoms und das Strahlen seiner bunten Mosaiken,

erfuhr das Gewirr des Viertels mit seinen teilweise über-
dachten Gassen und den Basaren mit ihren Gewürz- und
Schmuckständen; ich besuchte den armenischen Teil mit der
Jakobskathedrale aus dem 12. Jahrhundert und der Zitadelle,
die im 1. Jahrhundert vor Christus dem biblischen Kinder-
mörder Herodes als Palast diente und von den Mamelucken
zu ihrer heutigen Form umgebaut wurde. 1968 gab es sie
noch, die vielen armenischen Goldschmiede, die traditionell
das Viertel mit prägten.

Jeder Teil der Altstadt hat seine heiligen Stätten, hatte
seine eigene Atmosphäre, Gerüche und Geräusche, Hand-
werker und Händler.

Ich sah die Knesset und das Oberste Gericht Israels, besuchte die 1918 gegründete Hebräische Universität, besuchte
Yad Vashem, die große Gedenkstätte, der Jesaja, Vers 56
ihren Namen gab: »Ihnen allen errichte ich in meinem Haus
und in meinen Mauern ein Denkmal, ich gebe ihnen einen

Namen, der mehr wert ist als Söhne und Töchter: Einen ewigen Namen gebe ich ihnen, der niemals getilgt wird.«

Es war berauschend, dieses Jerusalem, das in den Bergen Judäas liegt, 800 Meter hoch, dessen Straßen und abgetretene Gassen einem unbestimmten Auf und Ab folgen.

Es war eine Lebensreise damals – eine Reise, die mein Leben verändert und ihm eine neue Richtung gegeben hat.

Blick nach Judäa

Der Felsendom

Auf dem Tempelberg

Toraschule

5 Wer ist in den vergangenen 4.000 Jahren nicht alles hier gewesen – die Babylonier wurden von den Römern vertrieben, diese von den Osmanen, diese von den Kreuzrittern, die Osmanen kamen zurück und errichteten eine lange Regentschaft, die erst mit dem Ersten Weltkrieg zu Ende ging, als Großbritannien ein Schutzmandat des Völkerbundes für Palästina übernahm.

4.000 Jahre Krieg und Eroberung, Mord und Zerstörung, Verlust, Vertreibung, Unterdrückung. Aber auch von Hoffnung und Wiederaufbau berichtet die Geschichte, von Aufeinanderzugehen und Handel, dem Austausch von Weisheit, Wissen, Mythen und Legenden, sie erzählt von einem friedlichen Nebeneinander, das immer wieder möglich war. Geschichte ist immer auch eine von Anmaßung und Irrtum, von Ideologie und Propaganda – als die Kreuzritter ins Gelobte Land kamen, das zu befreien sie vorgaben, lasen dort armenische Christen unbehelligt und toleriert ihre Messen.

Wie atemlos Geschichte macht, wenn ihre Zeugen voller Leben sind.

Sobald der Tag beginnt und die ersten, noch nacht-trunkenen Sonnenstrahlen auf die Steine der Stadt fallen, nehmen die Farben dich gefangen.

Die Sonne spielt ihre Farborgel auf und mit den Stei-nen – vom kalten Weißgelb des frühen Morgens hin zu den Farben des Mittags, wenn der Felsendom seine goldenen Zeichen sendet, hin zu all den warmen Gold-, Orange- und Rottönen der abendlichen Dämmerung, wenn der Tag in ver-schwenderischen Farben zu Ende geht. Die Steine Jerusa-lems erinnern mich an Zeilen des 137. Psalms: »Meine Zunge soll an meinem Gaumen kleben, wo ich nicht dein gedenke, wo ich nicht lasse Jerusalem meine höchste Freude sein.«

Es ist der gelblich weiß schimmernde *Melekeh*-Stein, der Jerusalem seine Farbe gibt und so leuchten lässt. Dieser Kalkstein, schon seit Herodes Zeiten als Baumaterial ver-wendet, prägt die alte Stadt. Der *Chamsin,* dieser so heiße und trockene Wüstenwind, kann ihm ebenso wenig anhaben wie das endlose Band, das die Vergangenheit um die Stadt knüpft.

Alles ist der Melekeh – Felsendom und Grabeskirche, die osmanische Stadtmauer, Wohnhäuser, Basare, Kellergewölbe. Ich liebe diesen besonderen Stein, der mir Symbol geworden ist für die alte Stadt, für ihre unzähligen Verletzungen, Schrunden und Risse. Aus einem harten Stein ist Jerusalem gemacht, dessen offene, poröse Oberfläche gleichsam von den Jahrhunderten berichtet. Gibt es hier einen Stein, zumal in der Altstadt, der keine Geschichte, der nichts zu erzählen hätte?

In Mea Shearim

Am Dungtor

Beduinen unter den Arkaden der Salah-Edin;
Fruchtsaftverkäufer

In der Grabeskirche

Blick auf die Grabeskirche

6   Wenn die Zahlen stimmen, leben heute rund 670.000 Juden, 320.000 Moslems, 14.000 Christen in Jerusalem – gibt es 1.204 Synagogen, 158 Kirchen, 73 Moscheen, ungezählte Toraschulen und *Yeschiwa*, jüdische Hochschulen, an denen Frauen nicht studieren dürfen.

Heilig ist die Stadt allen dreien: den Juden, den Moslems, den Christen. Hier wurde den Juden der Tempel Davids zerstört, hier begann für die Moslems die Himmelsreise Mohammeds, hier starb Jesus für das Heil der Christen. Wer noch nicht in Jerusalem war, kann es sich nicht vorstellen: Wie ein Raum so voller Spiritualität sein kann. Man meint, die Luft flirre von so viel Andacht und Versunkenheit, der mit Ernst und Würde nachgegangen wird.

Jerusalems Fläche misst nur 125 Quadratkilometer und ist damit ungefähr so groß wie Heidelberg, ein wenig größer als Zürich, viel kleiner aber als Köln oder Wien. Doch wie viel Synagogen und Moscheen und Kirchen haben hier ihren Platz gefunden. Nirgendwo sonst gibt es auf so wenig Fläche

so viele sakrale Bauten, Orte, Plätze, wo Gott gefeiert wird.
Millionen von Menschen begegnen sich hier Jahr für Jahr,
pilgernd, singend, betend suchen sie das Zwiegespräch mit
ihrem Gott.

Religion durchzieht die Stadt. Auch außerhalb der Altstadt
begegnet man ihr in den vielen Pilgern aus vielen Ländern,
so bei den griechischen Nonnen oder den US-Amerikanern,
die sich zu wappnen scheinen für ihre heimischen Reli-
gionskriege, auch bei den vielen Menschen aus arabischen
Ländern, denen Jerusalem nach Mekka und Medina der dritt-
wichtigste Ort ihres islamischen Glaubens ist.

 Im Gedränge der Straßen und Basare wähnt man die
ganze Menschheit unterwegs – in Jerusalem steht für mich
die Wiege der Religion, wie in Afrika die Wiege der Menschheit steht.

 Als Nichtjude kann man nicht ermessen, was es für
einen Juden bedeutet, an die westliche Mauer des vor 2.000

Jahren zerstörten Tempels König Davids, an die Klagemauer, an die *Kotel*, wie sie auf Hebräisch heißt, zu treten und hier zu beten. Mich berühren die vielen Gebets- und Wunschzettelchen, die *Kvittel*, die Gläubige in die Ritzen der uralten Mauer gesteckt haben, die Ultraorthodoxen, die, konzentriert im Gebet, auf ihren Absätzen vor und zurück wippen und ab und an die Mauer küssen. Als Nicht-Moslem kann man sich nicht vorstellen, welche Bedeutung ein Innehalten am Felsendom hat, dem ältesten Sakralbau des Islams überhaupt, von wo Mohammed gen Himmel stieg.

Klagemauer, Felsendom, Grabeskirche – deren Aufsicht sich katholische, griechisch-orthodoxe und armenische Christen seit Jahrhunderten teilen –, jüdischer, islamischer, christlicher Glaube. Der Glaube an den einen Gott, der die Welt geschaffen hat und sie bestimmt, der unsere Lebenswege zeichnet, möge er Jahwe, Allah oder Gott heißen. Jerusalem ist die Weltstadt, das Weltzentrum der Religion. Das Gemurmel und Raunen in so vielen Sprachen – die Stimmen der betenden Moslems, Juden und Christen mischen sich zu einem einmaligen religiösen Gesumm, hier die Sure, dort der Psalm, von den Minaretten die Rufe der Muezzin, das Läuten der Glocken christlicher Kirchen. Die Klänge der *Oud*, der arabischen Laute. Gelegentlich hört man auch sie noch, die *Schofar*, eine Halbposaune aus Widder- oder Kuduhorn, das letzte Instrument aus dem Altertum, das noch heute in den Synagogen zu besonderen Anlässen gebraucht wird. All diese Geräusche, Töne, Klänge formen sich für mich zu einer religiösen Euphonie, die eine Mahnung zum Frieden ist, zur guten Nachbarschaft.

Doch mir scheint, die Religionen werden heute aggressiver gelebt. Die Linien zwischen den einzelnen »Fraktionen«, die ihrer Religionsauslegung folgen, sind schärfer geworden – die ultraorthodoxen Juden leben die jüdische Religion ganz anders als die zionistischen, für die das Judentum vor allem Nation und weniger Glaube ist.

Das strenge Leben der Ultraorthodoxen, der *Charedim* (»Die vor Gott zittern«), mit seinen vielen Ritualen, Gebeten, Kleiderordnungen, Essgewohnheiten, seiner Abschirmung von allem nicht-orthodoxen – es fällt mir nicht leicht, es zu verstehen, wenn ich ihm im Stadtteil Mea Shearim begegne, wo sie eine Art Theokratie, einen Gottesstaat leben.

Und ich habe das Gefühl, dass die Kommunikation mit ihnen immer schwieriger wird. Sie leben eng nach der Tora, am Schabbat fahren sie kein Auto, sie rauchen und telefonieren nicht, schalten den Strom nicht an. Sie wollen, dass Männer und Frauen in Bussen getrennt sind, und ihre Frauen müssen über den kurzgeschorenen Haaren Perücken tragen, weil nach dem Talmud »das Haar einer Frau Begierde weckt«. Die jungen Charedim leisten keinen Militärdienst wie die anderen Israelis und verpönen das Internet, weil es vom Studium der Heiligen Schriften ablenkt. Oft arbeiten sie nicht und zahlen so keine Steuern, viele leben von der

Unterstützung durch den Staat, den sie nicht anerkennen:
Für die Charedim ist der Messias noch nicht gekommen,
um sie aus der Knechtschaft zu befreien – also kann Israel
auch nicht sein Land sein; einen Staat errichtet zu haben
heißt für sie, Gottes Willen zuvorzukommen.

In der Grabeskirche

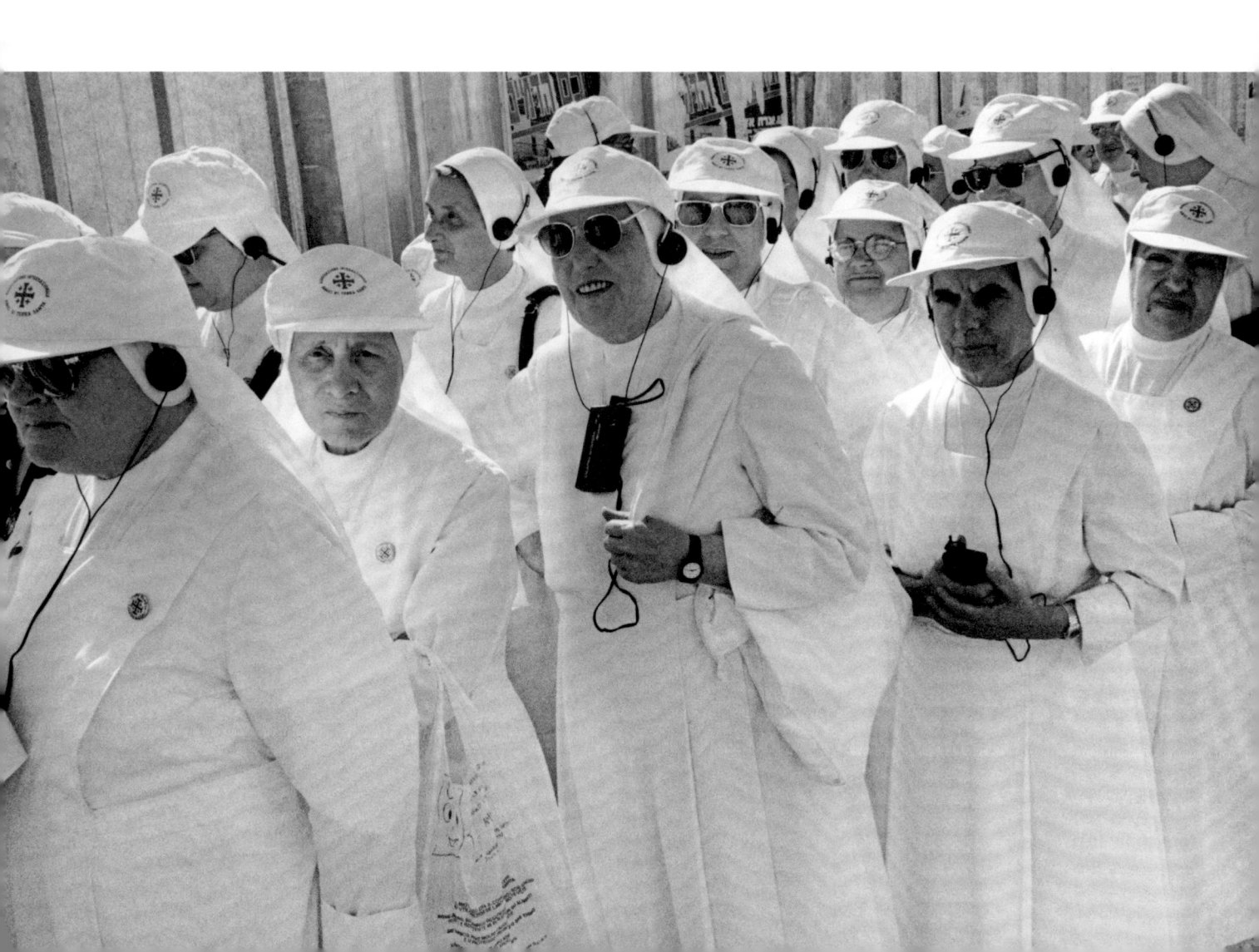

Vor der Klagemauer

7   Doch den *Schabbat* feiern die meisten Juden, er ist gesetzliche Ruhezeit. Vom Sonnenuntergang eines jeden Freitags bis zur Dämmerung des nächsten Tages schweigt das öffentliche Leben auch in Jerusalem, zieht man sich in die Familie, in den Freundeskreis zurück. Die meisten Geschäfte sind geschlossen.

Umso mehr ist los in den Stunden davor – es muss organisiert und eingekauft werden. Auf dem Mahane Yehuda Markt, einem der schönsten Jerusalems, dränge ich mich an den 250 Ständen der Obst-, Gemüse- und Fischhändler vorbei, besorge koschere Backwaren und Fleisch. Es duftet nach frischem Brot, nach süßlichen Innereien, nach dem großartigen Käse aus Israel, den man dort kaufen kann. Für mich mischen sich die Gerüche der Waren mit den Geräuschen des Marktes zu einer Melodie leichten levantinischen Lebens.

Manchmal strudelt ein Vogel über das Treiben auf dem Markt, an dem es auch Boutiquen und Cafés gibt, wo man

inzwischen – Globalisierung – Cappuccino trinken und
warme Croissants bestellen kann.

Überhaupt das Leben auf den Straßen, Plätzen, Gassen und
Basaren! Da sind die arabischen Frauen, die frischen Granat-
apfelsaft anbieten; die Kaffeesieder in den Gewölben, die
den besonders aromatischen arabischen Kaffee servieren; da
eilen die jungen Männer, die Wasserpfeifen der Alten, die
Nargileh, mit frischer Kohle zu versorgen; da preisen Händler laut und mit der raffinierten Schläue von Jahrhunderten
ihre Souvenirs an, die oft aus China kommen; der Rauch der
Schawarma-Buden würzt die Luft. Auf dem Musrara-Markt
nehme ich ein arabisches Frühstück mit frischem Hummus
und großartigen Oliven, ich liebe den Khan El Zeit, einen
uralten Souk, in dem man auf eingefärbten Blumenkohl und
andere Gemüsekreationen trifft, oder ich durchstreife wieder einmal die Via Dolorosa und kehre ein in das Österrei-
chische Hospiz: Sachertorte und Melange!

Ich komme durch die Al Khanka Street und besuche *Elias Photo Service* – den Laden, in dem Kevork Kahvedjian das fotografische Werk seines Vaters Elia verwaltet und Fotografien verkauft. Elia Kahvedjian, 1910 geboren, 1915 dem Völkermord an den Armeniern nach Jerusalem entkommen, wurde Fotograf. Er hinterließ Tausende Fotos des historischen Palästina, aus Jordanien und Syrien, Fotos von Jerusalem, Bilder vor allem aus den dreißiger Jahren – wundervolle Dokumente der reichen Kulturen im Nahen Osten, einer weitgehend verlorenen Welt.

Geschichte ist allgegenwärtig, auch im Kleinen. Selbst Jerusalems Mülleimer und Gullydeckel zeigen mit dem Stadtwappen – dem »Löwen Juda« (»Juda ist ein junger Löwe«, 1. Mos. 49,9) vor der Klagemauer – erinnernde Symbole: Der Löwe meint Juda, einen der zwölf Stämme Israels, die nach dem *Tanach*, der hebräischen Bibel, um 1200 vor Christus zusammen das von Jahwe erwählte Volk Israel bildeten.

Eine Flaniermeile wie die Mamilla Avenue jenseits des Jaffa-
tores mit ihren Cafés, Restaurants und Shops in europäischem
Stil mag gerade deshalb so erfolgreich sein, weil sie überall
sein könnte, so globalisiert-austauschbar, wie sie ist – vielleicht können sich die Menschen hier von der Bedrängtheit
ihres Alltags und der Schwere der Geschichte ein wenig erholen und durchatmen.

Doch lieber sitze ich vor dem Aftimos-Souk und lasse
meine Augen treiben, sehe der arabischen Stunde am Freitag
zu – *Ya Allah!* Zu dieser Zeit entledigen sich die Männer ihrer
oft zerschlissenen westlichen Kleidung, legen die beduini-
schen Übermäntel und die weißen Kopftücher an, manche
tragen auch den *Tarbusch*, den osmanischen Fez. Man sieht
stolze Palästinenserinnen in feiner Tracht neben best-west-
lich gekleideten arabischen Männern, auch sie tragen den
Gebetsteppich über der Schulter – Tausende von Moslems
sind unterwegs zu ihrem *Haram Asch-Scharif*, den die Juden
den Tempelberg nennen, wo sie in der großen Al-Aqsa-
Moschee beten werden.

In der Jaffa Street

8 Die Menschen wollen arbeiten und einkaufen, ihren Auf-
gaben und Freuden nachgehen, man will auf die Basare, will
privates Glück, hofft auf eine gute Zukunft – wie überall auf
der Welt sehnen sie sich nach einem Alltag im Normalen.

Um einen solchen Alltag muss man in Jerusalem ringen,
ihn sich erkämpfen, man darf der Angst und den mauen
Gedanken an Anschläge, aggressive Kundgebungen, Absper-
rungen und Sicherheitsvorkehrungen nicht nachgeben.
»Jerusalem ist anstrengend, aber voller Anregungen, ich mag
seine etwas bedrückende Atmosphäre, es ist eine Stadt voller
Konflikte, voller Erinnerungen. Jerusalem wird als spirtueller
Ort geliebt, nicht als Stadt«, schreibt Zeruya Shalev.

Ja, das Leben ist intensiv in dieser Stadt, es ist unwägbar,
weil der Tod hier nicht unbedingt erst am Ende eines langen
gelebten Lebens kommt. Seit Jahrzehnten leben ihre Be-
wohner im Wissen um die Gefahr, die von Enttäuschten und
Verblendeten ausgeht, die sich mit Bussen oder auf Märkten

in die Luft sprengen – man kann sich nicht wirklich sicher sein, dass am Abend eines Tages die Welt die gleiche wie am Morgen ist.

Aber vielleicht kann es in Israel und Jerusalem ohnehin keinen »Alltag« in unserem Sinne geben … mich erschüttert es, wenn am *Jom Haschoa*, dem Holocaust-Gedenktag, morgens um zehn Uhr die Sirenen heulen und alles für zwei Minuten stillsteht … die Menschen in ihren Bewegungen verharren … alle Verkehre halten, sich kein Auto, Flugzeug, kein Bus bewegt: Auch für die jüngeren Juden ist Jom Haschoa ein Tag der Erinnerung an Vertreibungen und Pogrome, an die bittere Geschichte ihres Volkes. Der Tag erinnert sie, warum sie zum Militär müssen, warum Israel entstanden ist und ihr Leben nicht immer einfach. Warum es *Yad Vashem* gibt, dieses Memorium des Grauens und der – Hoffnung, in dessen Garten die Zikaden singen und der Rosmarin duftet.

In Jerusalem zu leben ist eine Herausforderung – in diesem einmaligen, ungeheuerlichen Spannungsfeld von Religion, Geschichte und Zeitgeschichte, von aktueller Politik und Moderne, zwischen der kreativen Stärke der jungen Menschen und der Rückwärtsgewandtheit der Ultraorthodoxen, die sich auf der arabischen Seite spiegelt: Auch dort gibt es »Fundamentalisten«, die Israel von der Landkarte radieren wollen, und jene, die in ihrem Festhalten an der Zwei-Staaten-Lösung auf ein Miteinander der Menschen und Religionen setzen. Amos Oz meint, dass schon ein Nebeneinander ein Sieg des Friedens wäre: »Jerusalem ist geteilt, weil die Einwohner Jerusalems nicht zusammenleben wollen – eine palästinensische Hauptstadt Jerusalem auf palästinensischem Gebiet und eine israelische Hauptstadt Jerusalem auf israelischem Gebiet ist die einzig mögliche Lösung.«

In diesem Dasein hilft vielen Juden oft ihr Witz, dieser jiddische Humor, der mit Tragik und Trauer eng verbunden ist, einer Trauer, die aus der langen Geschichte eines verfolgten Volkes kommt. Dieser Humor macht den Alltag erträglicher, die Spannungen leichter, er ist schnell, absurd und gnadenlos, er verschont nichts und niemanden, er kann laut sein und aggressiv. Er macht sich mit großer *Chuzpe* her über die eigene *Mischpoke* und die auf der Straße gesehenen *Schicksen*, erklärt die anderen für *meschugge* und freut sich über das gelegentlich vorkommende *Massel* des Lebens. Neben aller Versunkenheit und Melancholie – es wird doch gern und manchmal laut gelacht in Jerusalem.

Wenn ich den blauweißen Schal
nach Osten hänge
schwingt Jerusalem herüber zu mir
mit Tempel und Hohelied

Ich bin fünftausend Jahre jung

Mein Schal
ist meine Schaukel

Wenn ich die Augen nach Osten
schließe
schwingt Jerusalem auf dem Hügel
fünftausend Jahre jung
herüber zu mir
im Orangenaroma

Altersgenossen
wir haben ein Spiel
in der Luft

ROSE AUSLÄNDER, *Jerusalem*

Markt Mahane Yehuda

Grabeskirche

9   Diese Stadt stemmt so viel. Sie stemmt die drei großen Religionen, sie stemmt ihre Geschichte, sie stemmt das schwierige Heute. Sie ist voller eigentümlicher, wundersamer, für mich weltweit einmaliger Energie.

Nur hier können Menschen in eine religiöse Trance fallen, die sie unserer Welt vollständig entrückt und sich identifizieren lässt mit einer heiligen Person aus dem Alten oder Neuen Testament. Man nennt das »Jerusalem-Syndrom«: Menschen, die plötzlich ihre Alltagskleidung ablegen und dann, in Bettlaken oder weite Gewänder gehüllt, als Moses oder König David, als Paulus oder Johannes der Täufer öffentlich und lauthals predigen und beten. Wie viel dreht sich tief in unseren Seelen doch um Spiritualität und Religion … Jerusalem ist ein Ort der Gefühle, der Sehnsüchte und der Illusionen.

Jerusalem ist ein rätselhafter Kosmos der Geschichte und der Erinnerung. Auch in so vielen Jahren ist es mir nicht gelungen, die Stadt ganz zu verstehen. Aber Jerusalem fordert uns auf, die Welt gemeinsam zu bestellen, am Miteinander zu arbeiten und das Leben als ein Geschenk zu begreifen, das jedem zusteht.

Schalom meint Unversehrtheit, Heil, Frieden, Befreiung von jedem Unheil und Unglück, auch Gesundheit, Wohlfahrt, Sicherheit und Ruhe, es ist dem arabischen *Salam* eng verwandt.

Schalom, mein Jerusalem.

Im Independence Park

Damaskustor

ANNEMARIE KÖNIGSBERGER

Wurde 1916 in Berlin geboren. 1936 flüchtete sie aus Deutschland und hielt sich während des Krieges in Nizza auf; 1947 emigrierte sie in die USA. Dort wurden ihre Gedichte in verschiedenen Zeitschriften veröffentlicht. 1968 wanderte sie nach Israel ein und lebte in Jerusalem, wo sie 2008 verstarb.
© *Die Stimmen der Mauern*, beerenverlag, Frankfurt a. M.

ROSE AUSLÄNDER

Rose Ausländer, geboren 1901 in Czernowitz, Österreich-Ungarn, war eine aus der Bukowina stammende deutsch- und englischsprachige Lyrikerin. Sie lebte in Österreich-Ungarn, Rumänien, den USA, Österreich und ab 1965 in Düsseldorf. Ihr zweiter Gedichtband *Blinder Sommer* (1965) war ihr literarischer Durchbruch und brachte ihr die erste Auszeichnung, den »Silbernen Heinetaler« ein, dem bis zu ihrem Lebensende noch viele folgten. Bis 1971 unternahm sie ausgedehnte Reisen durch Europa, vor allem nach Italien und 1968/69 letztmals auch in die USA. Nach einem Oberschenkelhalsbruch, von dem sie sich nicht mehr erholen sollte, beschloss sie, 1977 ihr Düsseldorfer Zimmer nicht mehr zu verlassen, konzentrierte sich nur noch auf das Schreiben, und veröffentlichte bis zu ihrem Tod 1988 zahlreiche Gedichtbände.
© *Mein Jerusalem*, S. Fischer Verlag, Frankfurt a. M.

STADT, LAND, MEER

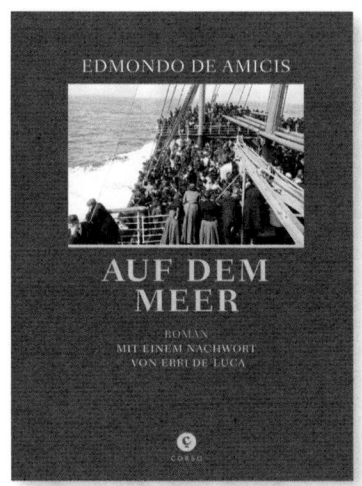

Im Sommer 1867 landete Ludwig Salvator an den Küsten von Mallorca und begann mit der Sammlung und Systematisierung von Daten und Informationen über die Balearen. Aus seinem so entstandenen siebenbändigen Monumentalwerk *Die Balearen* präsentieren wir mit dieser Schmuckausgabe den Band über Mallorca.

Der Erzherzog hat auf dem von ihm so geliebten Mallorca im Laufe von 30 Jahren einen Küstenstrich, 16 Kilometer lang und bis zu 10 Kilometer tief, zwischen Valldemossa und Deià erworben. Er verbot das Fällen von Bäumen auf seinem Land, Häuser durften nicht gebaut werden und die Tiere, die nicht zu Nahrungszwecken gehalten wurden, konnten hier bis zu ihrem natürlichen Ende ein ungestörtes Leben genießen.

Für die Touristen jener Tage ließ Ludwig Salvator die Hospederia »Ca Madó Pilla« einrichten, ein Gästehaus, in dem Reisende drei Tage gratis Logis erhielten. Außerdem ließ er ein rund 12 Kilometer langes Wegenetz bis in die Berge der Sierra del Teix anlegen, das noch heute erhalten ist. An den schönsten Aussichtspunkten baute er »Miradores«, kleine Mauern mit Sitzbänken, von denen aus man die Schönheit der Küste und den Sonnenuntergang bewundern kann – noch heute sind sie auf Mallorca erlebbar, die vielen Spuren des Ludwig Salvator, Erzherzog von Österreich, Prinz der Toskana. Endlich – sein großes Buch über Mallorca, für heutige Leser wunderbar ediert und geschmückt.

CORSO 44 *Prachtausgabe*, Hardcover in bedrucktem Leinen, Großformat 22 × 30 cm, rund 460 Seiten mit den vielen farbigen Stichen der Originalausgabe aus dem Archiv der Buchhandlung Felix Jud, bedrucktes Vorsatz, Farbschnitt, Leseband, Fadenheftung

Hunderttausende Europäer wandern im 19. Jahrhundert aus, emigrieren in der Hoffnung auf ein besseres Leben nach Nord- und Südamerika, wollen Armut und Trostlosigkeit, Unfreiheit und Perspektivlosigkeit ihrer Heimatländer hinter sich lassen.

Auf dem Meer ist die Geschichte der Atlantiküberfahrt von Genua nach Montevideo, die Edmondo De Amicis im Frühjahr 1884 als Chronist der italienischen Auswanderungsbewegung unternimmt:

An Bord der Galileo sind 1.800 Menschen, davon 1.600 italienische Bauern und Tagelöhner, der Rest sind wohlhabendere Italiener, Schweizer, Österreicher und Franzosen. Das Volk reist in der dritten Klasse, die Bürger in der zweiten, der Adel in der ersten – so spiegelt schon die Aufteilung der Passagiere die Schichtung der Gesellschaft, und De Amicis beschreibt diesen »Mikrokosmos mit seinen Freuden und Leiden der Menschheit«. (Erri De Luca)

Der anteilnehmende Beobachter registriert, was er während der Überfahrt erlebt: Er berichtet von der Tragik des Abschieds von der Heimat und von der verzweifelten Hoffnung, die alle bewegt, erzählt in filmreifen Szenen von Heimweh und Zukunftsfreude, vom Hunger des Gestern und der Unsicherheit des Morgen.

Aus dem Italienischen von Annette Kopetzki
Band II der Edmondo De Amicis-Werkausgabe

CORSO 36 Leinenband mit eingelegtem Schildchen, 176 Seiten mit vielen historischen Fotografien, Format 17 × 24 cm, zweifarbiger Druck, Fadenheftung, bedruckte Vorsätze

Elke Heidenreich hat es endlich geschrieben: das Buch über Venedig als Stadt der Musik. Auf dem Wasser, in den Gassen, auf den kleineren und größeren Plätzen, in den Kirchen und Palazzi spürt sie der Musik, den Klängen und Tönen nach, für die dieser Sehnsuchtsort seit Jahrhunderten berühmt ist.

Einfühlsam und persönlich, erzählend und informierend geschrieben, versehen mit vielen Fotografien von Tom Krausz und beigegebenen historischen Abbildungen ist ein Buch für alle entstanden, die Venedig lieben (wer täte das nicht?) und sich für Musik interessieren und die wissen wollen, wie sie tönt, diese einmalige Stadt in der Lagune.

CORSO 33 Mit Fotografien von Tom Krausz, Hardcover mit Schutzumschlag, 144 Seiten, Format 17 × 24 cm, vierfarbiger Druck, Fadenheftung.

Einer baut ein Ei aus Stahl und sticht in See. Andere rudern in offenen Booten tausende von Seemeilen. Jene konstruieren ein Ballonboot, das nicht weiß, wo oben und wo unten ist. Ein anderer schraubt einen Schwimmwagen zusammen, in dessen duschgroßem »Wohnraum« es ständig nach Diesel stinkt. Ein anderer wiederum schleppt seinen Kahn durch Dschungel und Monsune. Und Widrigkeiten wie Stürme, Haie, Kollisionen, Irrfahrten, Sandstürme und Andenpässe? Egal, Hauptsache es geht weiter.

Ebba D. Drolshagen erzählt die wildesten Geschichten von Abenteurern, Dickköpfen, Hungerkünstlern, Besessenen, Unbelehrbaren, die eines eint: Die bedingungslose Leidenschaft, das Meer zu überqueren, irgendwie, um jeden Preis.

Ein außergewöhnliches Logbuch über einige der verrücktesten Seeabenteuer unserer Zeit.

CORSO 39 Hardcover mit Schutzumschlag, 192 Seiten mit zahlreichen Fotografien und Karten, Format 17 × 24 cm, vierfarbiger Druck, Fadenheftung, farbige Vorsätze.

CORSO

www.verlagshaus-roemerweg.de

C

CORSO

Herausgegeben von
Rainer Groothuis

CORSO 40
IRIS BERBEN, TOM KRAUSZ
Jerusalem

2. Auflage im Oktober 2015
© für diese Ausgabe CORSO in der Verlagshaus Römerweg GmbH,
Römerweg 10, D-65187 Wiesbaden
© für die Fotografien: Tom Krausz

Gestaltung:
Groothuis. Gesellschaft der Ideen und Passionen mbH,
www.groothuis.de
Gesetzt aus der Fairfield und der Avenir
Lithografie: Edelweiß Publish, Hamburg
Gesamtherstellung: CPI books, Ulm
Printed in Germany. Alle Rechte vorbehalten.
ISBN 978-3-7374-0715-1